Des mêmes auteurs, et en collaboration avec A.-F. Hérold, pour paraître prochainement :

La Forêt vierge.

Alfred Jarry

Ubu Roi

Drame en cinq actes en prose
restitué en son intégrité tel qu'
il a été représenté par les ma-
rionnettes du Théâtre des Phynances
en 1888 et le Théâtre de l'Œuvre
le 10 décembre 1896, avec la musique
de Claude Terrasse.

Paris

Edition du Mercure de
France, XV, rue de
l'Echaudé St Germain
M DCCC XCVII

Il a été tiré de cet ouvrage dix exemplaires sur chine, numérotés de 1 à 10, et dix exemplaires sur japon impérial, numérotés de onze à vingt.

Ex[illegible] 1

JT

Véritable portrait de Monsieur Ubu.

Autre portrait de Monsieur Ubu.

Cette pièce est dédiée
à Marcel Schwob (A.J.)

Adonc le Père Ubu
hoscha la poire, dont
fut depuis nommé
par les Anglois Sha-
kespeare, et avez de
lui sous ce nom
maintes belles tra-
gœdies par escript.

Et la musique appartient
à Henry Bauer. (C.T.)

— Composition de l'orchestre —

Hautbois, Chalumeaux, Cervelas,
Grande Basse —

Flageolets, Flutes traversières, Gde Flûte,
Petit Basson, Grand Basson, Triple Basson,
Petits cornets noirs, Cornets blancs aigus,
Cors, Sacquebutes, Trombones, Oliphans verts,
Galoubets, Cornemuses, Bombardes,
Timbales, Tambour, Grosse-Caisse,

— Grandes Orgues —

— Thèmes. —

Père UBU.

Mère UBU.

Palotins.

Famille Venceslas

Armée polonaise.

Ours

Ouverture.

Gaiment.

Modéré
ff
ff

rall.

Personnages

Père Ubu
Mère Ubu
Capitaine Bordure
Le Roi Venceslas
La Reine Rosemonde
Boleslas
Ladislas } leurs fils
Bougrelas
Le Général Lascy
Stanislas Leczinski
Jean Sobieski
Nicolas Rensky
L'Empereur Alexis
Giron
Pile } Palotins
Cotice
Conjurés et Soldats
Peuple
Michel Fédérovitch
Nobles
Magistrats
Conseillers
Financiers
Larbins de Phynances

Paysans
Toute l'armée russe
Toute l'armée polonaise
Les Gardes de la mère Ubu
Un Capitaine
L'Ours
Le Cheval à Phynances
La Machine à Décerveler
L'Equipage
Le Commandant

Ces rôles ont été tenus, au théâtre de l'Œuvre, par Mmes Louise France (la mère Ubu) et Irma Perrot (La Reine); MM. Gémier (Ubu), Dujeu (Venceslas), Nolot (Le Czar et Bougrelas), Flandre (Bordure), Buteaux, Charley, Severin-Mars, Lugné-Poe (Michel Fédérovitch, un Messager), Carpentier, Ducaté, Dally, Cremnitz, Verse, etc. etc.
Décors de Sérusier et Bonnard.
Maquettes des Masques par l'auteur.

Acte Premier

Scène première

PÈRE UBU, MÈRE UBU

Père Ubu. — Merdre.

Mère Ubu. — Oh! Voilà du joli, Père Ubu, vous estes un fort grand voyou.

Père Ubu. — Que ne vous assom'je, Mère Ubu!

Mère Ubu. — Ce n'est pas moi, Père Ubu, c'est un autre qu'il faudrait assassiner.

Père Ubu. — De par ma chandelle verte, je ne comprends pas.

Mère Ubu. — Comment, Père Ubu, vous estes content de votre sort?

Père Ubu. — De par ma chandelle verte, merdre, madame, certes oui, je suis content, on le serait à moins : capitaine de dragons, officier de confiance du roi Venceslas, décoré de l'ordre de l'aigle Rouge de Pologne et ancien roi d'Aragon, que voulez-vous de mieux?

Mère Ubu. — Comment! Après avoir été ~~roi~~ d'Aragon vous vous contentez de mener aux revues une cinquantaine d'estafiers armés de coupe-choux, quand vous pourriez faire succéder sur votre fiole la couronne de Pologne à celle d'Aragon?

Père Ubu. — Ah! Mère Ubu, je ne comprends rien de ce que tu dis.

Mère Ubu. — Tu es si bête.

Père Ubu. De par ma chandelle verte, le roi Venceslas est encore bien vivant, et même en admettant qu'il meure, n'a-t-il pas des légions d'enfants?

Mère Ubu. Qui t'empêche de massacrer toute la famille et de te mettre à leur place?

Père Ubu. — Ah! Mère Ubu, vous me faites injure et vous allez passer tout à l'heure par la casserole.

Mère Ubu. Eh! pauvre malheureux, si je passais par la casserole, qui te raccommoderait tes fonds de culotte?

Père Ubu- Eh vraiment! et puis après? N'ai-je pas un cul comme les autres?
Mère Ubu- A ta place, ce cul, je voudrais l'installer sur un trône. Tu pourrais augmenter indéfiniment tes richesses, manger fort souvent de l'andouille et rouler carrosse par les rues.
Père Ubu.- Si j'étais roi, je me ferais construire une grande capeline comme celle que j'avais en Aragon et que ces gredins d'Espagnols m'ont impudemment volée.
Mère Ubu.- Tu pourrais aussi te procurer un parapluie et un grand caban qui te tomberait sur les talons.
Père Ubu.- Ah! je cède à la tentation. Bougre de merdre, merdre de bougre, si jamais je le rencontre au coin d'un bois, il passera un mauvais quart d'heure.

Mère Ubu. — Ah ! bien, Père Ubu, te voilà devenu un véritable homme.

Père Ubu. — Oh non ! moi, capitaine de Dragons, massacrer le roi de Pologne ! plutôt mourir !

Mère Ubu (*à part*). — Oh ! merdre ! (*Haut*) Ainsi tu vas rester gueux comme un rat, Père Ubu.

Père Ubu. — Ventrebleu, de par ma chandelle verte, j'aime mieux être gueux comme un maigre et brave rat que riche comme un méchant et gras chat.

Mère Ubu. — Et la capeline ? et le parapluie ? Et le grand caban ?

Père Ubu. — Eh bien, après, Mère Ubu ? (*Il s'en va en claquant la porte.*)

Mère Ubu (seule). - Vrout, merdre, il a été dur à la détente, mais vrout, merdre, je crois pourtant l'avoir ébranlé. Grâce à Dieu et à moi-même, peut-être dans huit jours serai-je reine de Pologne.

Scène II

(Le théâtre représente une chambre de la maison du Père Ubu où une table splendide est dressée.)

PÈRE UBU, MÈRE UBU

Gaîment.

Mère Ubu. — Eh! nos invités sont bien en retard.

Père Ubu. — Oui, de par ma chandelle verte. Je crève de faim. Mère Ubu, tu es bien laide aujourd'hui. Est-ce parce que nous avons du monde?

Mère Ubu (*haussant les épaules*). — Merdre.

Père Ubu (*saisissant un poulet rôti*). — Tiens, j'ai faim. Je vais mordre dans cet oiseau. C'est un poulet, je crois. Il n'est pas mauvais.

Mère Ubu. — Que fais-tu, malheureux! Que mangeront nos invités?

Père Ubu. — Ils en auront encore bien assez. Je ne toucherai plus à rien. Mère Ubu, va donc voir à la fenêtre si nos invités arrivent.

Mère Ubu (*y allant*). — Je ne vois rien. (*Pendant ce temps le Père Ubu dérobe une rouelle de veau.*)

Mère Ubu. — Ah! voilà le capitaine Bordure et ses partisans qui arrivent. Que manges-tu donc,

Père Ubu ?

Père Ubu. — Rien, un peu de veau.

Mère Ubu. — Ah ! le veau ! le veau ! veau ! Il a mangé le veau ! Au secours !

Père Ubu. — De par ma chandelle verte, je te vais arracher les yeux.

(La porte s'ouvre.)

Scène III. PÈRE UBU, MÈRE UBU, CAPITAINE BORDURE ET SES PARTISANS.

Mère Ubu.- Bonjour, messieurs, nous vous attendons avec impatience. Asseyez-vous.

Capitaine Bordure.- Bonjour, madame. Mais où est donc le Père Ubu?

Père Ubu.- Me voilà! me voilà! Sapristi, de par ma chandelle verte, je suis pourtant assez gros.

Capitaine Bordure.- Bonjour, Père Ubu. Asseyez-vous, mes hommes.

(Ils s'asseyent tous.)

Père Ubu.- Ouf, un peu plus, j'enfonçais ma chaise.

Capitaine Bordure.- Eh, mère Ubu, que nous donnez-vous de bon aujourd'hui?

Mère Ubu.- Voici le menu.

Père Ubu.- Oh! ceci m'intéresse.

Mère Ubu.- Soupe polonaise, côtes de rastron, veau, poulet, pâté de chien, croupions de dinde, charlotte russe...

Père Ubu. — Eh ! en voilà assez, je suppose. Y en a-t-il encore ?

Mère Ubu (continuant). — Bombe salade, fruits, dessert, bouilli, topinambours, choux-fleurs à la merdre.

Père Ubu. — Eh ! me crois-tu empereur d'Orient pour faire de telles dépenses ?

Mère Ubu. — Ne l'écoutez pas, il est imbécile.

Père Ubu. — Ah ! je vais aiguiser mes dents contre vos mollets.

Mère Ubu. — Dîne plutôt, Père Ubu. Voilà de la polonaise.

Père Ubu. — Bougre, que c'est mauvais.

Capitaine Bordure. — Ce n'est pas bon, en effet.

Mère Ubu. — Tas d'Arabes, que vous faut-il ?

Père Ubu (se frappant le front). — Oh ! j'ai une idée. Je vais revenir tout à l'heure. (Il s'en va.)

Mère Ubu. — Messieurs, nous allons goûter du veau.

Capitaine Bordure. — Il est très bon, j'ai fini.

Mère Ubu. — Aux croupions, maintenant.

Capitaine Bordure. — Exquis! exquis! Vive la Mère Ubu.

Tous. — Vive la Mère Ubu.

Père Ubu (*rentrant*). — Et vous allez bientôt crier Vive le Père Ubu. (*Il tient un balai innommable à la main et le lance sur le festin.*)

Mère Ubu. — Misérable, que fais-tu?

Père Ubu. — Goûtez un peu.

(*Plusieurs goûtent et*

tombent empoisonnés.)

animé

Père Ubu. – Mère Ubu, passe-moi ~~passe-moi~~ les côtelettes de rastron, que je serve.
Mère Ubu. – Les voici.
Père Ubu. – A la porte tout le monde ! Capitaine Bordure, j'ai à vous parler.
Les Autres. – Eh ! nous n'avons pas dîné.
Père Ubu. – Comment, vous n'avez pas dîné ! A la porte tout le monde ! Restez, Bordure. (Personne ne bouge.)
Père Ubu. – Vous n'êtes pas partis ? De par ma chandelle verte, je vais vous assommer de côtes de rastron. (Il commence à en jeter.)
Tous. – Oh ! aïe ! Au secours ! Défendons-nous ! malheur ! je suis mort !
Père Ubu. – Merdre, merdre, merdre. A la porte ! je fais mon effet.
Tous. – Sauve qui peut ! Misérable Père Ubu ! traître et gueux voyou !

Père Ubu. Ah ! les voilà partis. Je respire, mais j'ai fort mal dîné. Venez, Bordure.

(Ils sortent avec la mère Ubu.)

XXXX Scène V XXXXXXX

PÈRE UBU, MÈRE UBU, CAPITAINE BORDURE

Père Ubu. — Eh bien, capitaine, avez-vous bien dîné ?

Capitaine Bordure. — Fort bien, Monsieur, sauf la merdre.

Père Ubu. — Eh ! la merdre n'était pas mauvaise.

Mère Ubu. — Chacun son goût.

Père Ubu. — Capitaine Bordure,

je suis décidé à vous faire Duc de Lithuanie.

Capitaine Bordure. - Comment, je vous croyais fort gueux, Père Ubu.

Père Ubu. - Dans quelques jours, si vous voulez, je règne en Pologne.

Capitaine Bordure. - Vous allez tuer Venceslas?

Père Ubu. - Il n'est pas bête, ce bougre, il a deviné.

Capitaine Bordure. - S'il s'agit de tuer Venceslas, j'en suis. Je suis son mortel ennemi et je réponds de mes hommes.

Père Ubu (*se jetant sur lui pour l'embrasser*). - Oh! oh! je vous aime beaucoup, Bordure.

Capitaine Bordure. - Eh! vous empestez, Père Ubu. Vous ne vous lavez donc jamais?

Père Ubu. - Rarement.

Mère Ubu. - Jamais!

Père Ubu. - Je vais te marcher

sur les pieds.

Mère Ubu. — Grosse merdre !

Père Ubu. — Allez, Bordure, j'en ai fini avec vous. Mais par ma chandelle verte, je jure sur la Mère Ubu de vous faire Duc de Lithuanie.

Mère Ubu. — Mais...

Père Ubu. — Tais-toi, ma douce enfant.

(*Ils sortent.*)

Très-doux.

xxxx Scène V xxxxx

PÈRE UBU, MÈRE UBU,
UN MESSAGER.

Père Ubu. - Monsieur, que voulez-vous ? Fichez le camp, vous me fatiguez.

Le Messager. — Monsieur, vous êtes appelé de par le roi.

(Il sort.)

— Royal —

Père Ubu. — Oh! merdre, jarnicotonbleu, de par ma chandelle verte, je suis découvert, je vais être décapité! hélas! hélas!!

Mère Ubu. — Quel homme mou! Et le temps presse.

Père Ubu. — Oh! j'ai une idée: je dirai que c'est la Mère Ubu et Bordure.

Mère Ubu. — Ah! gros P.U., si tu fais ça...

Père Ubu. — Eh! j'y vais de ce pas.

(Il sort.)

Mère Ubu (courant après lui).
– Oh ! Père Ubu, Père Ubu, je te donnerai de l'andouille.
(Elle sort.)

Père Ubu (dans la coulisse). – Oh ! merdre ! tu en es une fière, d'andouille.

Scène VI

Le palais du roi.

LE ROI VENCESLAS, entouré de ses Officiers ; BORDURE ; les fils du roi, Boleslas, Ladislas et Bougrelas. Puis UBU.

Père Ubu (*entrant*). – Oh! vous savez, ce n'est pas moi, c'est la Mère Ubu et Bordure.
Le Roi. – Qu'as-tu, père Ubu?
Bordure. – Il a trop bu.
Le Roi – Comme moi ce matin.
Père Ubu. – Oui, je suis saoul, c'est parce que j'ai bu trop de vin de France.
Le Roi. – Père Ubu, je tiens à récompenser tes nombreux services comme capitaine de Dragons, et je te fais aujourd'hui comte de Sandomir.
Père Ubu. – O monsieur Venceslas, je ne sais comment vous remercier.
Le Roi. – Ne me remercie pas, Père Ubu, et trouve-toi demain matin à la grande revue.
Père Ubu. – J'y serai, mais acceptez, de grâce, ce petit mirliton.

(*Il présente au roi un mirliton.*)
Le Roi.- Que veux-tu à mon âge que je fasse d'un mirliton? Je le donnerai à Bougrelas.
Le jeune Bougrelas.- Est-il bête, ce Père Ubu.
Père Ubu.- Et maintenant je vais foutre le camp. (*Il tombe en se retournant.*) Oh! aïe! au secours! De par ma chandelle verte, je me suis rompu l'intestin et crevé la bouzine!
Le Roi (*le relevant*).- Père Ubu, vous estes-vous fait mal?
Père Ubu.- Oui certes, et je vais sûrement crever. Que deviendra la Mère Ubu?
Le Roi.- Nous pourvoirons à son entretien.
Père Ubu.- Vous avez bien de la bonté de reste. (*Il sort.*) Oui, mais, roi

Venceslas, tu n'en seras pas moins massacré.

- Sinistre -

×× Scène VII ××××

La maison d'Ubu.

GIRON, PILE, COTICE, PÈRE UBU, MÈRE UBU, Conjurés et soldats, CAPITAINE BORDURE

-Sombre-

Père Ubu — Eh! mes bons amis, il est grand temps d'arrêter le plan de la conspiration. Que chacun donne son avis. Je vais d'abord donner le mien, si

vous le permettez.
Capitaine Bordure — Parlez, Père Ubu.
Père Ubu — Eh bien, mes amis, je suis d'avis d'empoisonner simplement le roi en lui fourrant de l'arsenic dans son déjeuner. quand il voudra le brouter il tombera mort, et ainsi je serai roi.
Tous. — Fi, le sagouin!
Père Ubu — Eh quoi, cela ne vous plaît pas? alors, que Bordure donne son avis
Capitaine Bordure — Moi, je suis d'avis de lui ficher un grand coup d'épée qui le fendra de la tête à la ceinture.
Tous. Oui! voilà qui est noble et vaillant.
Père Ubu — Et s'il vous donne des coups de pied? Je me rappelle maintenant qu'il a pour les revues des souliers de fer qui font très mal si je savais, je filerais vous dénoncer pour me tirer de

cette sale affaire, et je pense qu'il me donnerait aussi de la monnaie.

Mère Ubu. - Oh ! le traître, le lâche, le vilain et plat ladre.

Tous. - Conspuez le Père Ub !

Père Ubu. - Hé, messieurs, tenez-vous tranquilles si vous ne voulez visiter mes poches. Enfin, je consens à m'exposer pour vous. De la sorte, Bordure, tu te charges de pourfendre le roi.

Capitaine Bordure. - Ne vaudrait-il pas mieux nous jeter tous à la fois sur lui en braillant et gueulant ? Nous aurions chance ainsi d'entraîner les troupes.

Père Ubu. - Alors, voilà. Je tâcherai de lui marcher sur les pieds, il regimbera, alors je lui dirai MERDRE, et à ce signal vous vous jetterez sur lui.

Mère Ubu. - Oui, et dès qu'il sera mort tu prendras son

sceptre et sa couronne.
Capitaine Bordure. – Et je courrai avec mes hommes à la poursuite de la famille royale.
Père Ubu. – Oui, et je te recommande spécialement le jeune Bougrelas.
(Ils sortent.)

Père Ubu (courant après et les faisant revenir). – Messieurs, nous avons oublié une cérémonie indispensable, il faut jurer de nous escrimer vaillamment.
Capitaine Bordure. – Et comment faire? Nous n'avons pas de prêtre.
Père Ubu. – La Mère Ubu va en tenir lieu.
Tous. – Eh bien, soit.
Père Ubu. – Ainsi, vous jurez de bien tuer le roi?
Tous. – Oui, nous le jurons. Vive le Père Ubu!

Assez vite.

FIN DE L'ACTE Ier

Acte II

Scène première

Le palais du Roi.

VENCESLAS, LA REINE ROSEMONDE, BOLESLAS, LADISLAS et BOUGRELAS.

Le Roi. — Monsieur Bougrelas, vous avez été ce matin fort impertinent avec Monsieur Ubu, chevalier de mes ordres et comte de Sandomir. C'est pourquoi je vous défends de paraître à ma revue.
La Reine. — Cependant, Venceslas, vous n'auriez pas trop de toute votre famille pour vous défendre.
Le Roi. — Madame, je ne reviens jamais sur ce que j'ai dit. Vous me fatiguez avec vos sornettes.
Le jeune Bougrelas. — Je me soumets, monsieur mon père.
La Reine. — Enfin, sire, êtes-vous toujours disposé à aller à cette revue ?
Le Roi. — Pourquoi non, madame ?
La Reine. — Mais encore une fois, ne l'ai-je pas vu en songe vous frappant de sa masse d'armes et vous jetant dans la Vistule, et un aigle comme celui qui figure dans les armes de Pologne lui plaçant la couronne sur la tête ?
Le Roi. — A qui ?

La Reine. — Au Père Ubu.

Le Roi. — Quelle folie. Monsieur De Ubu est un fort bon gentilhomme, qui se ferait tirer à quatre chevaux pour mon service.

La Reine et Bougrelas. — Quelle erreur.

Le Roi. — Taisez-vous, jeune sagouin. Et vous, madame, pour vous prouver combien je crains peu Monsieur Ubu, je vais aller à la revue comme je suis, sans arme et sans épée.

La Reine. — Fatale imprudence, je ne vous reverrai pas vivant.

Le Roi. — Venez, Ladislas, venez, Boleslas.

(Ils sortent. La Reine et Bougrelas vont à la fenêtre.)

La Reine et Bougrelas. – Que Dieu et le grand Saint Nicolas vous gardent.

La Reine. – Bougrelas, venez dans la chapelle avec moi prier pour votre père et vos frères.

Choral –

XXXX XX Scène II XXXXXX

Le champ des revues.

L'ARMÉE POLONAISE, LE ROI, BOLESLAS, LADISLAS, PÈRE UBU, CAPITAINE BORDURE ET SES HOMMES, GIRON, PILE, COTICE.

Gaîment.
Retour
à ce signe
puis
jouer la
dernière
ligne

Le Roi.-Noble Père Ubu, venez près de moi avec votre suite pour inspecter les troupes.

Père Ubu (*aux siens*).-Attention, vous autres. (*Au Roi.*) On y va, Monsieur, on y va.

(*Les hommes d'Ubu entourent le Roi.*)

Le Roi.-Ah! voici le régiment des gardes à cheval de Dantzick. Ils sont fort beaux, ma foi.

Père Ubu.-Vous trouvez? Ils me paraissent misérables. Regardez celui-ci. (*Au Soldat.*) Depuis combien de temps ne t'es-tu débarbouillé, ignoble drôle?

Le Roi.-Mais ce soldat est fort propre. Qu'avez-vous donc, Père Ubu?

Père Ubu.-Voilà! (*Il lui écrase le pied.*)

Le Roi.-Misérable!

Père Ubu.-MERDRE. A moi, mes hommes!

Bordure.-Hurrah! en avant!

(*Tous frappent le roi, un Palotin explose.*)

Le Roi.-Oh! au secours! Sainte

Vierge, je suis mort.
Boleslas (à Ladislas). - Qu'est cela? Dégaînons.
Père Ubu. - Ah! j'ai la couronne! Aux autres, maintenant.
Capitaine Bordure. - Sus aux traîtres!!
(Les fils du Roi s'enfuient, tous les poursuivent.)

Scène III

LA REINE ET BOUGRELAS

La Reine. – Enfin, je commence à me rassurer.

Bougrelas. – Vous n'avez aucun sujet de crainte.

(Une effroyable clameur se fait entendre au-dehors.)

Bougrelas. – Ah ! que vois-je ? Mes deux frères poursuivis par le Père Ubu et ses hommes.

La Reine. – O mon Dieu ! Sainte Vierge, ils perdent, ils perdent du terrain !

Bougrelas. – Toute l'armée suit le Père Ubu. Le Roi n'est plus là. Horreur ! au secours !

La Reine. – Voilà Boleslas mort ! X

a reçu une balle.

Bougrelas.- Eh! (Ladislas se retourne)
Défends-toi! Hurrah, Ladislas.

La Reine.- Oh! Il est entouré.

Bougrelas.- C'en est fait de lui. Bordure vient de le couper en deux comme une saucisse.

La Reine.- Ah! Hélas! Ces furieux pénètrent dans le palais, ils montent l'escalier.

(La clameur augmente.)

La Reine et Bougrelas (à genoux).- Mon Dieu, défendez-nous.

Bougrelas.- Oh! ce Père Ubu! le coquin, le misérable, si je le tenais...

Scène V

LES MÊMES, la porte est défoncée, LE PÈRE UBU et les forcenés pénètrent.

Père Ubu. — Eh ! Bougrelas, que me veux-tu faire ?

Bougrelas. — Vive Dieu ! je défendrai ma mère jusqu'à la mort ! Le premier qui fait un pas est mort.

Père Ubu. — Oh ! Bordure, j'ai peur ! laissez-moi m'en aller.

Un Soldat *avance*. — Rends-toi, Bougrelas !

Le jeune Bougrelas. — Tiens, voyou ! voilà ton compte ! (*Il lui fend le crâne.*)

La Reine. — Tiens bon, Bougrelas, tiens bon !

Plusieurs avançant. - Bougrelas, nous te promettons la vie sauve.

Bougrelas. - Chenapans, sacs à vin, sagouins payés!

(Il fait le moulinet avec son épée et en fait un massacre.)

Père Ubu. - Oh! je vais bien en venir à bout, tout de même!

Bougrelas. - Mère, sauve-toi par l'escalier secret.

La Reine. - Et toi, mon fils, et toi?

Bougrelas. - Je te suis.

Père Ubu. - Tâchez d'attraper la reine. Ah! la voilà partie. Quant à toi, misérable!...

(Il s'avance vers Bougrelas.)

Sourd.

Bougrelas. - Ah! Vive Dieu! voilà ma vengeance! (Il lui découd la boudouille d'un terrible coup d'épée.)

(Il disparaît par l'escalier secret)

xxxxxxxx Scène Vxxxx

Une caverne dans les montagnes.

Le jeune BOUGRELAS entre suivi de ROSEMONDE.

Bougrelas. - Ici nous serons en sûreté.

La Reine. - Oui, je le crois ! Bougrelas, soutiens-moi ! (*Elle tombe sur la neige.*)

Bougrelas. - Ha ! qu'as-tu, ma mère ?

La Reine. - Je suis bien malade, crois-moi, Bougrelas. Je n'en ai plus que pour deux heures à vivre.

Bougrelas. - Quoi ! le froid t'aurait-il saisie ?

La Reine. - Comment veux-tu que je résiste à tant de coups ? Le roi massacré, notre famille détruite, et toi, représentant de la plus noble race qui ait jamais porté l'épée, forcé de t'enfuir dans les montagnes comme un contrebandier.

Bougrelas. - Et par qui, grand Dieu ! par qui ? Un vulgaire Père Ubu, aventurier sorti on ne sait d'où, vile crapule, vagabond honteux! Et quand je pense que mon père l'a décoré et fait comte et que le lendemain ce vilain n'a pas eu honte de porter la main sur lui.

La Reine. — O Bougrelas! quand je me rappelle combien nous étions heureux avant l'arrivée de ce Père Ubu! Mais maintenant, hélas! tout est changé!

Bougrelas. — Que veux-tu? attendons avec espérance et ne renonçons jamais à nos droits.

La Reine. — Je te le souhaite, mon cher enfant, mais pour moi je ne verrai pas cet heureux jour.

Bougrelas. — Eh! qu'as-tu? Elle pâlit, elle tombe, au secours! Mais je suis dans un désert! O mon Dieu! son cœur ne bat plus. Elle est morte! Est-ce possible? Encore une victime du Père Ubu! (*Il se cache la figure dans les mains et pleure.*) O mon Dieu! qu'il est triste de se voir seul à quatorze ans avec une vengeance terrible à poursuivre!

(*Il tombe en proie au plus violent désespoir.*)

(Pendant ce temps, les Ames de Venceslas, de Boleslas, de Ladislas,

de Rosemonde entrent dans la grotte, leurs ancêtres les accompagnent et remplissent la grotte. Le plus vieux s'approche de

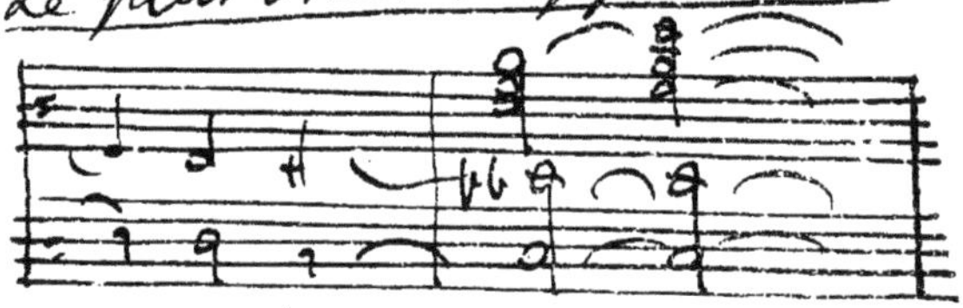

Bougrelas et le réveille doucement.)

Bougrelas.- Eh! que vois-je? toute ma famille, mes ancê-

tres... Par quel prodige?

L'Ombre.- Apprends, Bougrelas,

que j'ai été pendant ma vie le Seigneur Matthias de Königsberg. le premier roi et le fondateur de la maison. Je te remets le

soin de notre vengeance. (Il lui donne une grande épée) Et que cette épée que je te donne n'ait de repos que quand elle aura frappé de mort l'usurpateur.

(Tous disparaissent, et Bongrelas reste seul dans l'attitude de l'extase.)

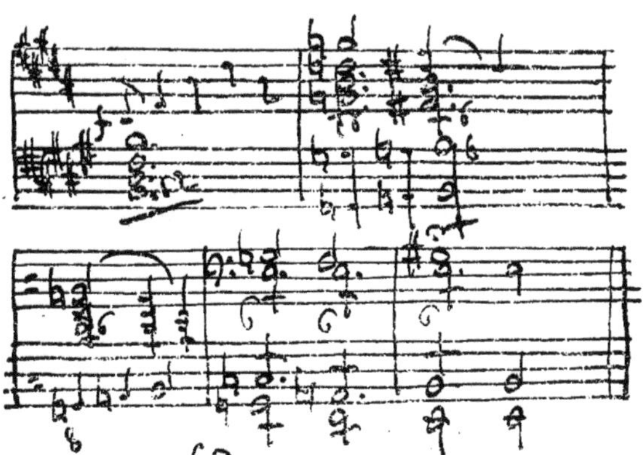

XXXXXXXXXX Scène VI XXXXX

Le palais du roi.

PÈRE UBU, MÈRE UBU, CAPITAINE BORDURE

Père Ubu.- Non, je ne veux pas, moi ! Voulez-vous me ruiner pour ces bouffres ?

Capitaine Bordure.- Mais enfin, Père Ubu, ne voyez-vous pas que le peuple attend le don de joyeux avènement ?

Mère Ubu.- Si tu ne fais pas distribuer des viandes et de l'or, tu seras renversé d'ici deux heures.

Père Ubu.- Des viandes, oui ! De l'or, non ! Abattez trois vieux chevaux, c'est bien bon pour de tels sagouins.

Mère Ubu.- Sagouin toi-même !

qui m'a bâti un animal de cette sorte ?
Père Ubu — Encore une fois, je veux m'enrichir, je ne lâcherai pas un sou.
Mère Ubu. — Quand on a entre les mains tous les trésors de la Pologne.
Capitaine Bordure. — Oui, je sais qu'il y a dans la chapelle un immense trésor, nous le distribuerons.
Père Ubu. — Misérable ! Si tu fais ça !
Capitaine Bordure. — Mais, Père Ubu, si tu ne fais pas de distributions, le peuple ne voudra pas payer les impôts
Père Ubu. — Est-ce bien vrai ?
Mère Ubu. — Oui, oui !
Père Ubu. — Oh, alors je consens à tout. Réunissez trois millions, cuisez cent cinquante boeufs et moutons, d'autant plus que j'en aurai aussi !
(Ils sortent.)

Scène VII. X La cour du Palais pleine de PEUPLE. PÈRE UBU couronné, MÈRE UBU, CAPITAINE BORDURE, LARBINS chargés de viande.

Peuple. – Voilà le Roi ! Vive le Roi ! hurrah !

Père Ubu (jetant de l'or). – Tenez, voilà pour vous. Ça ne m'amusait guère de vous donner de l'argent, mais vous savez, c'est la Mère Ubu qui a voulu. Au moins, promettez-moi de bien payer les impôts.

Tous. – Oui, oui !

Capitaine Bordure. – Voyez, Mère Ubu, s'ils se disputent cet or. Quelle bataille.

Mère Ubu. – Il est vrai que c'est horrible. Pouah ! En voilà un qui a le crâne fendu.

Père Ubu. – Quel beau spectacle ! Amenez d'autres caisses d'or.

Capitaine Bordure. – Si nous faisions une course.

Père Ubu. – Oui, c'est une idée. (Au Peuple.) Mes amis, vous voyez cette caisse d'or, elle contient trois cent mille nobles à la rose en or, en monnaie polonaise et de bon aloi. Que ceux qui veulent courir se mettent au bout de la cour, vous partirez quand j'agiterai mon mouchoir et le premier arrivé aura la caisse. Quant à ceux qui ne gagneront pas, ils auront comme consolation cette autre caisse qu'on leur partagera.

Tous. - Oui ! Vive le Père Ubu ! Quel bon roi ! On n'en voyait pas tant du temps de Venceslas.

Père Ubu (*à la mère Ubu, avec joie*). - Écoute-les ! (*Tout le peuple va se ranger au bout de la cour.*)

Père Ubu. - Une, deux, trois ! Y êtes-vous ?

Tous. - Oui ! oui !

Père Ubu. - Partez ! (*Ils partent en se culbutant. Cris et tumulte.*)

Capitaine Bordure. - Ils approchent ! ils approchent !

Père Ubu. - Eh ! le premier perd du terrain.

Mère Ubu. - Non, il regagne maintenant.

Capitaine Bordure. - Oh ! il perd ! il perd ! fini ! c'est l'autre ! (*Celui qui était deuxième arrive le premier.*)

Tous. — Vive Michel Fédérovitch ! Vive Michel Fédérovitch !

Michel Fédérovitch. — Sire, je ne sais vraiment comment remercier votre Majesté…

Père Ubu. — Oh ! mon cher ami, ce n'est rien. Emporte ta caisse chez toi, Michel ; et vous, partagez-vous cette autre, prenez une pièce chacun jusqu'à ce qu'il n'y en ait plus.

Tous. — Vive Michel Fédérovitch ! Vive le Père Ubu !

Père Ubu. — Et vous, mes amis, venez dîner ! je vous ouvre aujourd'hui les portes du palais, veuillez faire honneur à ma table.

Peuple. — Entrons ! Entrons ! Vive le Père Ubu, c'est le plus noble des souverains !

(Ils entrent dans le palais. On entend le bruit de l'orgie qui se prolonge jusqu'au lendemain. La toile tombe.)

assez vite
mf
p
mf

Fin de l'Acte II

xx Acte III xxxxxxxxxx
xxxxxxxx Scène première

Le palais

PÈRE UBU, MÈRE UBU

Père Ubu. – De par ma chandelle verte, me voici roi dans ce pays. Je me suis déjà flanqué une indigestion et on va m'apporter ma grande capeline.

Mère Ubu. – En quoi est-elle, Père Ubu ? car nous avons beau être rois il faut être économes.

Père Ubu. – Madame ma femelle, elle est en peau de mouton avec une agrafe et des brides en

peau de chien.
Mère Ubu.- Voilà qui est beau, mais il est encore plus beau d'être rois.
Père Ubu.- Oui, tu as eu raison, Mère Ubu.
Mère Ubu.- Nous avons une grande reconnaissance au Duc de Lithuanie.
Père Ubu.- Qui donc?
Mère Ubu.- Eh! le capitaine Bordure.
Père Ubu.- De grâce, Mère Ubu, ne me parle pas de ce bouffre. Maintenant que je n'ai plus besoin de lui il peut bien se brosser le ventre, il n'aura point son duché.
Mère Ubu.- Tu as grand tort, Père Ubu, il va se tourner contre toi.
Père Ubu.- Oh! je le plains bien, ce petit homme, je m'en soucie autant que de Bougrelas.
Mère Ubu.- Eh! Crois-tu en

avoir fini avec Bougrelas?
Père Ubu - Sabre à finances, évidemment! que veux-tu qu'il me fasse, ce petit sagouin de quatorze ans?
Mère Ubu - Père Ubu, fais attention à ce que je te dis. Crois-moi, tâche de t'attacher Bougrelas par tes bienfaits.
Père Ubu - Encore de l'argent à donner. Ah! non, du coup! vous m'avez fait gâcher bien vingt-deux millions.
Mère Ubu - Fais à ta tête, Père Ubu, il t'en cuira!
Père Ubu - Eh bien, tu seras avec moi dans la marmite.
Mère Ubu - Écoute, encore une fois, je suis sûre que le jeune Bougrelas l'emportera, car il a pour lui le bon droit.
Père Ubu - Ah! saleté! le mauvais droit ne vaut-il pas le bon? Ah! tu m'injuries, Mère Ubu je vais te mettre en morceaux.
(La mère Ubu se sauve poursuivie par Ubu.)

Scène II

La grande salle du palais.

PÈRE UBU, MÈRE UBU, OFFICIERS et SOLDATS, GIRON, PILE, COTICE, NOBLES ENCHAÎNÉS, FINANCIERS, MAGISTRATS, GREFFIERS.

Père Ubu.- Apportez la caisse à Nobles et le crochet à Nobles et le couteau à Nobles et le bouquin à Nobles! ensuite, faites avancer les Nobles.
(On pousse brutalement les Nobles.)

Mère Ubu.- De grâce, modère-toi, Père Ubu.

Père Ubu.- J'ai l'honneur de vous annoncer que pour enrichir le royaume je vais faire périr tous les Nobles et prendre leurs biens.

Nobles.- Horreur! A nous, peuple et soldats!

Père Ubu.- Amenez le premier Noble et passez-moi le crochet à Nobles! Ceux qui seront condamnés à mort, je les passerai dans la trappe, ils tomberont dans les sous-sols du Pince-Porc et de la Chambre-à-Sous, où on les décervelera.- (Au Noble.) Qui es-tu, bouffre?

Le Noble.- Comte de Vitepsk.

Père Ubu.- De combien sont tes revenus?

Le Noble.- Trois millions de rixdales.

Père Ubu. - Condamné! (Il le prend avec le crochet et le passe dans le trou.)
Mère Ubu. - Quelle basse férocité!
Père Ubu. - Second Noble, qui es-tu? (Le Noble ne répond rien.) Répondras-tu, bouffre?
Le Noble. - Grand-duc de Posen.
Père Ubu. - Excellent! excellent! Je n'en demande pas plus long. Dans la trappe. Troisième Noble, qui es-tu? tu as une sale tête.
Le Noble. - Duc de Courlande, des villes de Riga, de Revel et de Mitau.
Père Ubu. - Très bien! très bien. Tu n'as rien autre chose?
Le Noble. - Rien.
Père Ubu. - Dans la trappe, alors. Quatrième Noble, qui es-tu?
Le Noble. - Prince de Podolie.
Père Ubu. - Quels sont tes revenus?
Le Noble. - Je suis ruiné.
Père Ubu. - Pour cette mauvaise

parole, passe dans la trappe. Cinquième noble, qui es-tu?
Le Noble.- Margrave de Thorn, palatin de Polock.
Père Ubu.- Ça n'est pas lourd. Tu n'as rien autre chose?
Le Noble.- Cela me suffisait.
Père Ubu.- Eh bien! mieux vaut peu que rien. Dans la trappe. Qu'as-tu à pigner, Mère Ubu?
Mère Ubu.- Tu es trop féroce, Père Ubu.
Père Ubu.- Eh! je m'enrichis. Je vais faire lire MA liste de MES biens. Greffier, lisez MA liste de MES biens.
Le Greffier.- Comté de Sandomir.
Père Ubu.- Commence par les principautés, stupide bougre!
Le Greffier.- Principauté de Podolie, grand-duché de Posen, duché de Courlande, comté de Sandomir, comté de Vitepsk, palatinat de Polock, margraviat de Thorn.

Père Ubu.-- Et puis après?
Le Greffier.-- C'est tout.
Père Ubu.-- Comment, c'est tout! Oh bien alors, en avant les Nobles, et comme je n'en finirai pas de m'enrichir je vais faire exécuter tous les Nobles, et ainsi j'aurai tous les biens vacants. Allez, passez les Nobles dans la trappe (on empile les Nobles dans la trappe.)

Pas vite.. (jouer cette ligne tant qu'il y a des nobles)

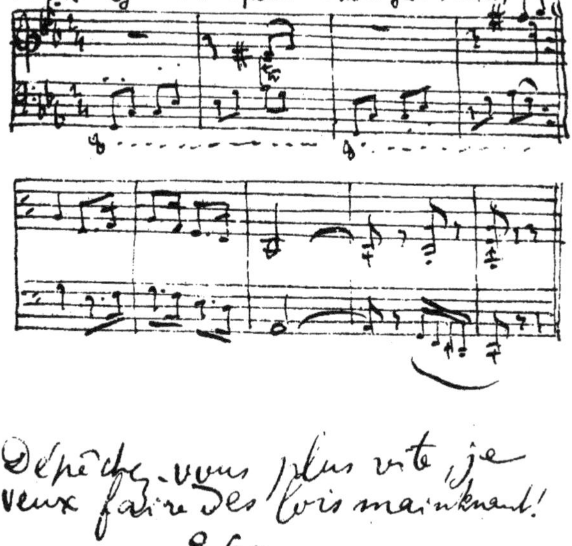

Dépêchez-vous plus vite, je veux faire des lois maintenant!

Plusieurs. - On va voir ça.

Père Ubu. - Je vais d'abord réformer la justice, après quoi nous procéderons aux finances.

Plusieurs Magistrats. - Nous nous opposons à tout changement.

Père Ubu. - Merdre. D'abord les magistrats ne seront plus payés.

Magistrats. - Et de quoi vivrons-nous ? Nous sommes pauvres.

Père Ubu. - Vous aurez les amendes que vous prononcerez et les biens des condamnés à mort.

Un Magistrat. - Horreur.

Deuxième. - Infamie.

Troisième. - Scandale.

Quatrième. - Indignité.

Tous. - Nous nous refusons à juger dans des conditions pareilles.

Père Ubu. - A la trappe les magistrats!

(Ils se débattent en vain.)

Mère Ubu. — Eh ! que fais-tu, Père Ubu ? Qui rendra maintenant la justice ?

Père Ubu. — Tiens ! moi. Tu verras comme ça marchera bien.

Mère Ubu. — Oui, ce sera du propre.

Père Ubu. — Allons, tais-toi, bouffresque. Nous allons maintenant, messieurs, procéder aux finances.

Financiers. — Il n'y a rien à changer.

Père Ubu. — Comment, je veux tout changer, moi. D'abord je veux garder pour moi la moitié des impôts.

Financiers. — Pas gêné.

Père Ubu. — Messieurs, nous établirons un impôt de dix pour cent sur la propriété, un autre sur le commerce et l'industrie, et un troisième sur les mariages et un quatrième sur les décès, de quinze francs chacun.

Premier Financier. — Mais c'est idiot, Père Ubu.

Deuxième Financier. — C'est absurde.

Troisième Financier. — Ça n'a ni queue ni tête.

Père Ubu. — Vous vous fichez de moi! Dans la trappe les financiers! (On enfourne les financiers.)

Mère Ubu. - Mais enfin, Père Ubu, quel roi tu fais, tu massacres tout le monde.

Père Ubu. - Eh merdre!

Mère Ubu. - Plus de justice, plus de finances.

Père Ubu. - Ne crains rien, ma douce enfant, j'irai moi même de village en village recueillir les impôts.

Scène III

Une maison de Paysans dans les environs de Varsovie.

PLUSIEURS PAYSANS sont assemblés.

Un Paysan (entrant). – Apprenez la grande nouvelle. Le roi est mort, les Ducs aussi et le jeune Bougrelas s'est sauvé avec sa mère dans les montagnes. De plus, le Père Ubu s'est emparé du trône.

Un Autre. – J'en sais bien d'autres. Je viens de Cracovie, où j'ai vu emporter les corps de plus de trois cents nobles et de cinq cents magistrats qu'on a tués, et il paraît qu'on va

Doubler les impôts et que le Père Ubu viendra les ramasser lui-même.

Tous. – Grand Dieu ! qu'allons-nous devenir ? Le Père Ubu est un affreux sagouin et sa famille est, dit-on, abominable.

Un Paysan. – Mais écoutez : ne dirait-on pas qu'on frappe à la porte ?

Une voix (au-dehors). – Cornegidouille ! Ouvrez, de par ma merdre, par saint Jean, saint Pierre et saint Nicolas ! ouvrez, sabre à finances, corne finances, je viens chercher les impôts !

(La porte est défoncée, Ubu pénètre suivi d'une légion de Grippe-Sous.)

XXXXXX Scène IV XXXXXXX

Père Ubu. – Qui de vous est le plus vieux ? (*Un Paysan s'avance*) Comment te nommes-tu ?

Le Paysan. – Stanislas Leczinski.

Père Ubu. – Eh bien, cornegidouille, écoute-moi bien, sinon ces messieurs te couperont les oneilles. Mais vas-tu m'écouter, enfin ?

Stanislas. – Mais Votre Excellence n'a encore rien dit.

Père Ubu. – Comment, je parle depuis une heure. Crois-tu que je vienne ici pour prêcher dans le désert ?

Stanislas. – Loin de moi cette pensée.

Père Ubu. – Je viens donc te dire, t'ordonner et te signifier que tu aies à produire et exhiber promptement ta finance, sinon tu seras massacré. Allons, messeigneurs les salopins de finance, voiturez ici le voiturin à phynances.

(*On apporte le Voiturin.*)

Stanislas. - Sire, nous ne sommes inscrits sur le registre que pour cent cinquante-deux rixdales, que nous avons déjà payées, il y aura tantôt six semaines à la Saint Mathieu.

Père Ubu. - C'est fort possible, mais j'ai changé le gouvernement et j'ai fait mettre dans le journal qu'on paierait deux fois tous les impôts et trois fois ceux qui pourront être désignés ultérieurement. Avec ce système j'aurai vite fait fortune alors je tuerai tout le monde et je m'en irai.

Paysans. - Monsieur Ubu, de grâce ayez pitié de nous. Nous sommes de pauvres citoyens.

Père Ubu. - Je m'en fiche. Payez.

Paysans. - Nous ne pouvons, nous avons payé.

Père Ubu. - Payez! ou ji vous mets dans ma poche avec supplice et décollation du cou et de la tête ! Cornegidouille, je suis le roi peut-être !

Tous. – Ah ! c'est ainsi ! Aux armes ! Vive Bougrelas, par la grâce de Dieu roi de Pologne et de Lithuanie !

Père Ubu. – En avant, messieurs des Finances, faites votre devoir.

(Une lutte s'engage, la maison est détruite et le vieux Stanislas s'enfuit seul à travers la plaine. Ubu reste à ramasser la finance.)

~~XXXXXXXXXX~~ Scène V

Une casemate des fortifications de Thorn.

BORDURE enchaîné, PÈRE UBU.

Assez vite.

Père Ubu. — Ah ! citoyen, voilà ce que c'est, tu as voulu que je te paye ce que je te devais, alors tu t'es révolté parce que je n'ai pas voulu, tu as consspiré et te voilà coffré. Cornefinance, c'est bien fait, et le tour est si bien joué que tu dois toi-même le trouver fort à ton goût

Bordure — Prenez garde, Père Ubu. Depuis cinq jours que vous êtes roi vous avez commis plus de meurtres qu'il n'en faudrait pour damner tous les saints du Paradis. Le sang du roi et des nobles crie vengeance et ses cris seront entendus.

Père Ubu — Eh! mon bel ami, vous avez la langue fort bien pendue. Je ne doute pas que si vous vous échappiez il en pourrait résulter des complications, mais je ne vois pas que les casemates de Thorn aient jamais lâché quelqu'un des honnêtes garçons qu'on leur avait confiés. C'est pourquoi, bonne nuit, et je vous invite à dormir sur les deux oreilles, bien que les rats dansent

ici une assez belle sarabande.
(Il sort. des larbins viennent verrouiller toutes les portes.)

XXXXXX Scène VI XXXXXXX

Au palais de Moscou.

L'EMPEREUR ALEXIS ET SA COUR, BORDURE

Majestueusement.

Le Czar Alexis. - C'est vous, infâme aventurier, qui avez coopéré à la mort de notre cousin Venceslas?
Bordure. - Sire, pardonnez-moi. J'ai été entraîné malgré moi par le Père Ubu.
Alexis. - Oh! l'affreux menteur. Enfin, que désirez-vous?
Bordure. - Le Père Ubu m'a fait emprisonner sous prétexte de conspiration, je suis parvenu à m'échapper et j'ai couru cinq jours et cinq nuits à cheval à travers les steppes pour venir implorer Votre gracieuse miséricorde.
Alexis. - Que m'apportes-tu comme gage de ta soumission?
Bordure. - Mon épée d'aventurier et un plan détaillé de la ville de Thorn.
Alexis. - Je prends l'épée, mais par Saint Georges, brûlez ce plan, je ne veux pas devoir ma victoire à une trahison.
Bordure. - Un des fils de Venceslas, le jeune Bougrelas, est encore vivant. Je ferai tout pour le rétablir.

Alexis. – Quel grade avais-tu dans l'armée polonaise ?
Bordure. – Je commandais le 5e régiment des Dragons de Wilna et une compagnie franche au service du Père Ubu.
Alexis. – C'est bien, je te nomme sous-lieutenant au 10e régiment de Cosaques, et gare à toi si tu trahis. Si tu te bats bien tu seras récompensé.
Bordure. – Ce n'est pas le courage qui me manque, Sire.
Alexis. – C'est bien, disparais de ma présence.
(Il sort.)

Superbement.

Scène VII

La salle du Conseil d'Ubu.

PÈRE UBU, MÈRE UBU, CONSEILLERS DE PHYNANCES.

Père Ubu. — Messieurs, la séance est ouverte et tâchez de bien écouter et de vous tenir tranquilles. D'abord, nous allons faire le chapitre des finances, ensuite nous parlerons d'un petit système que j'ai imaginé pour faire venir le beau temps et conjurer la pluie.

Un Conseiller. – Fort bien, Monsieur Ubu.

Mère Ubu. – Quel sot homme.

Père Ubu. – Madame de ma merdre, garde à vous, car je ne souffrirai pas vos sottises. Je vous disais donc, messieurs, que les finances vont passablement. Un nombre considérable de chiens à bas de laine se répand chaque matin dans les rues et les salopins font merveille. De tous côtés on ne voit que des maisons brûlées et des gens pliant sous le poids de nos phynances.

Le Conseiller. – Et les nouveaux impôts, Monsieur Ubu, vont-ils bien?

Mère Ubu. – Point du tout. L'impôt sur les mariages n'a

encore produit que 11 sous, et encore le Père Ubu poursuit les gens partout pour les forcer à se marier.

Père Ubu. - Sabre à finances, corne de ma gidouille, madame la financière, j'ai des oreilles pour parler et vous une bouche pour m'entendre (Éclats de rire.) Ou plutôt non! Vous me faites tromper et vous êtes cause que je suis bête! Mais, corne d'Ubu! (Un messager entre.) Allons bon! qu'a-t-il encore celui-là? Va-t'en, sagouin, ou je te poche avec décollation et torsion des jambes.

Mère Ubu. - Ah! le voilà dehors. Mais il y a une lettre.

Père Ubu. - Lis-la. Je crois que je perds l'esprit ou que je ne sais pas lire. Dépêche-toi, bouffresque, ce doit être de Bordure.

Mère Ubu. - Tout justement. Il dit que le Czar l'a accueilli très bien, qu'il va envahir tes États pour rétablir Bougrelas et que toi tu seras tué.

Père Ubu.-- Ho! ho! j'ai peur! j'ai peur! Ha! je pense mourir. O pauvre homme que je suis. Que devenir, grand Dieu? Le méchant homme va me tuer. Saint Antoine et tous les saints, protégez-moi, je vous donnerai de la phynance et je brûlerai des cierges pour vous. Seigneur, que devenir? (*Il pleure et sanglote.*)

Mère Ubu.- Il n'y a qu'un parti à prendre, Père Ubu.

Père Ubu.-- Lequel, mon amour?

Mère Ubu.- La guerre!!

Tous.- Vive Dieu! voilà qui est noble!

Père Ubu.-- Oui, et je recevrai encore des coups.

Premier Conseiller.- Courons, courons organiser l'armée.

Deuxième.-- Et réunir les vivres.

Troisième.- Et préparer l'artillerie et les forteresses.

Quatrième.- Et prendre l'argent pour les troupes.

Père Ubu.-- Ah! non, par exemple! Je vais te tuer, toi. Je ne veux pas donner d'argent. En voilà d'une autre ! J'étais payé pour faire la guerre et maintenant il faut la faire à mes dépens. Non, de par ma chandelle verte, faisons la guerre, puisque vous en êtes enragés, mais ne déboursons pas un sou.

Tous. – Vive la guerre !

Soldats et Palotins. - Vive la Pologne! Vive le Père Ubu!

Père Ubu. - Ah! Mère Ubu, donne-moi ma cuirasse et mon petit bout de bois. Je vais être bientôt tellement chargé que je ne saurais marcher si j'étais poursuivi.

Mère Ubu. - Fi, le lâche.

Père Ubu. - Ah! voilà le sabre à merdre qui se sauve et le croc à finances qui ne tient pas! Je n'en finirai jamais, et les Russes avancent et vont me tuer.

Un soldat. - Seigneur Ubu, voilà le ciseau à oneilles qui tombe.

Père Ubu. - Ji tou tue au moyen du croc à merdre et du couteau à figure.

Mère Ubu. - Comme il est beau avec son casque et sa cuirasse, on dirait une citrouille armée!

Père Ubu. - Ah! maintenant je vais monter à cheval. Amenez, messieurs, le cheval à phynances.

Mère Ubu. - Père Ubu, ton cheval ne saurait plus te porter, il n'a rien mangé depuis cinq jours et est presque mort.

Père Ubu. - Elle est bonne, celle-là! On me fait payer 12 sous par jour pour cette rosse et elle ne me peut porter. Vous vous fichez, corne d'Ubu, ou bien si vous me volez? (La mère Ubu rougit et baisse les yeux.) Alors, que l'on m'apporte une autre bête, mais je n'irai pas à pied, cornegidouille!

(*On amène un énorme cheval.*)

Père Ubu. — Je vais monter dessus. Oh! assis plat je vais tomber! (*Le cheval part.*) Oh! arrêtez ma bête. Grand Dieu, je vais tomber et être mort!!!

Mère Ubu. — Il est vraiment imbécile. Ah! le voilà relevé. Mais il est tombé par terre.

Père Ubu. — Cornephysique, je suis à moitié mort! Mais c'est égal, je pars en guerre et je tuerai tout le monde. Gare à qui ne marchera pas droit. Ji lon mets dans ma poche avec torsion du nez et des dents et extraction de la langue.

Mère Ubu. — Bonne chance, Monsieur Ubu.

Père Ubu. — J'oubliais de te dire que je te confie la régence. Mais j'ai sur moi le livre des finances, tant pis pour toi si tu me voles. Je te laisse pour t'aider le Palotin Giron. Adieu, Mère Ubu.

Mère Ubu. — Adieu, Père Ubu. Tue bien le Czar.

Père Ubu. — Pour sûr. Torsion du nez et des dents, extraction de la langue et enfoncement du petit bout de bois dans les oreilles.

(L'armée s'éloigne au bruit des fanfares.)

Marche

Mère Ubu (seule). — Maintenant que le gros pantin est parti, tâchons de faire nos affaires, tuer Bougrelas et nous emparer du trésor.

(La musique continue pendant que la Mère Ubu parle.)

110.

Fin de l'Ode III

Acte IV Scène 1re

La crypte des anciens rois de Pologne dans la cathédrale de Varsovie.

MÈRE UBU

Pas vite.

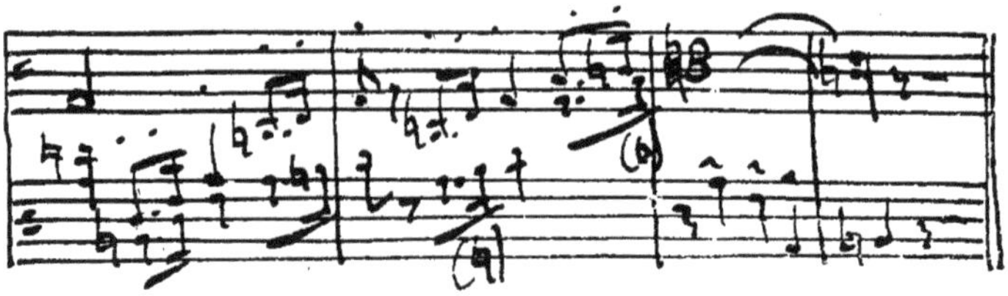

Où donc est ce trésor? Aucune dalle ne sonne creux. J'ai pourtant bien compté treize pierres après le tombeau de Ladislas le Grand en allant le long du mur, et il n'y a rien. Il faut qu'on m'ait trompée. Voilà cependant: ici la pierre sonne creux. A l'oeuvre, Mère Ubu. Courage, descellons cette pierre. Elle tient bon. Prenons ce bout de croc à finances qui fera encore son office. Voilà! voilà l'or au milieu des ossements des rois. Dans notre sac alors, tout! Eh! quel est ce bruit? Dans ces vieilles voûtes y aurait-il encore des vivants? Non, ce n'est rien, hâtons-nous. Prenons tout. Cet argent sera mieux à la face du jour qu'au milieu des tombeaux des anciens princes. Remettons la pierre. Eh quoi! toujours ce bruit. Ma présence en ces lieux me cause une étrange frayeur. Je prendrai le reste de cet or une autre fois, je reviendrai demain.

Une voix (sortant du tombeau de Jean Sigismond). – Jamais, mère Ubu!

(La mère Ubu se sauve affolée emportant l'or volé par la porte secrète.)

XXXXXXXXX Scène II XX

La place de Varsovie.

BOUGRELAS et ses PARTISANS, PEUPLE et SOLDATS.

Bougrelas. – En avant, mes amis ! Vive Venceslas et la Pologne ! le vieux gredin de Père Ubu est parti, il ne reste plus que la sorcière de mère Ubu avec son Palotin. Je m'offre à marcher à votre tête et à rétablir la race de mes pères.

Tous. – Vive Bougrelas !

Bougrelas. Et nous supprimerons tous les impôts établis par l'affreux Père Ub.

Tous. – Hurrah ! en avant ! Courons

au palais et massacrons cette engeance.

Bougrelas. — Eh! voilà la mère Ubu qui sort avec ses gardes sur le perron!

Mère Ubu. — Que voulez-vous, Messieurs? Ah! c'est Bougrelas.

(La foule lance des pierres.)

Premier Garde. — Tous les carreaux sont cassés.

Deuxième garde. — Saint Georges, me voilà assommé.

Troisième garde. — Cornebleu, je meurs.

Bougrelas. — Lancez des pierres, mes amis.

Le Palotin Giron. — Hon! c'est ainsi!

(Il dégaine et se précipite faisant un carnage épouvantable.)

Bougrelas. — A nous deux! Défends-toi, lâche pistolet.

(Ils se battent.)

Giron. — Je suis mort!

Bougrelas. — Victoire, mes amis! Sus à la mère Ubu!

(On entend des trompettes.)

Trompettes.

Bougrelas. — Ah ! voilà les Nobles qui arrivent. Courage, attrapons la mauvaise harpie !

Tous. — En attendant que nous étranglions le vieux bandit !

(La mère Ubu se sauve poursuivie par tous les Polonais. Coups de fusil et grêle de pierres.)

Vite.

xxyxxxyyyxx Scène III xx

L'armée polonaise en marche
dans l'Ukraine.

bis.
dim.

Père Ubu. – Corneblou, jambedieu, tête de vache ! Nous allons périr, car nous mourons de soif et sommes fatigué. Sire Soldat, ayez l'obligeance de porter notre casque à finances, et vous, sire Lancier, chargez-vous du ciseau à merdre et du bâton à physique pour soulager notre personne, car, je le répète, nous sommes fatigué.

(*Les soldats obéissent.*)

Pile. – Hon ! Monsieuye ! il est étonnant que les Russes n'apparaissent point.

Père Ubu. – Il est regrettable que l'état de nos finances ne nous permette pas d'avoir une voiture à notre taille ; car, par crainte de démolir notre monture, nous avons fait tout le chemin à pied, traînant notre cheval par la bride. Mais quand nous serons de retour en Pologne, nous imaginerons, au moyen de notre science en physique et aidé des lumières de nos conseillers, une voiture à vent pour transporter toute l'armée.

Cotice. - Voilà Nicolas Rensky qui se précipite.

Père Ubu. - Et qu'a-t-il, ce garçon?

Rensky. - Tout est perdu, Sire, les Polonais sont révoltés, Giron est tué et la mère Ubu est en fuite dans les montagnes.

Père Ubu. - Oiseau de nuit, bête de malheur, hibou à guêtres! Où as-tu pêché ces sornettes! En voilà d'une autre! Et qui a fait ça? Bougrelas, je parie. D'où viens-tu?

Rensky. - De Varsovie, noble Seigneur.

Père Ubu. - Garçon de ma merdre, si je t'en croyais je ferais rebrousser chemin à toute l'armée. Mais, seigneur garçon, il y a sur tes épaules plus de plumes que de cervelle et tu as rêvé des sot.

tises. Va aux avant-postes, mon garçon, les Russes ne sont pas loin et nous aurons bientôt à estocader de nos armes, tant à merdre qu'à phynances et à physique.

Le Général Lascy. - Père Ubu, ne voyez-vous pas dans la plaine les Russes?

Père Ubu. - C'est vrai, les Russes! me voilà joli. Si encore il y avait moyen de s'en aller, mais pas du tout, nous sommes sur une hauteur et nous serons en butte à tous les coups.

L'Armée. - des Russes! l'ennemi!

Père Ubu. - Allons, messieurs, prenons nos dispositions pour la bataille. Nous allons rester sur la colline et ne commettrons point la sottise de descendre en bas. Je me tiendrai au milieu comme une citadelle vivante et vous autres graviterez autour de moi. J'ai à vous recommander de mettre dans les fusils autant de balles qu'ils en pourront tenir, car 8 balles peuvent tuer 8 Russes et c'est autant que je n'aurai pas sur le dos. Nous mettrons les fantassins à pied au bas de la colline pour recevoir les Russes et les tuer un peu, les cavaliers derrière pour se jeter dans la confusion et l'artillerie autour du moulin à vent ici présent pour tirer dans le tas. Quant à nous, nous nous tiendrons dans le moulin à vent et tirerons avec le pistolet à phynances par la fenêtre, en travers de la porte nous placerons le bâton à physique, et si quelqu'un essaye d'entrer, gare au croc à merdre !!!

Officiers. – Vos ordres, sire Ubu, seront exécutés.

Père Ubu. – Eh ! cela va bien, nous serons vainqueurs. Quelle heure est-il ?

Le Général Lascy. – Onze heures du matin.

Père Ubu. — Alors nous allons dîner, car les Russes n'attaqueront pas avant midi. Dites aux soldats, seigneur Général, de faire leurs besoins et d'entonner la chanson à Phynance.

(Lascy s'en va.)

Soldats et Palotins. — Vive

le Père Ubu, notre grand Financier! Ting, ting, ting; ting, ting, ting; ting, ting, tating!

Père Ubu. — O les braves gens, je les adore. (*Un boulet russe arrive et casse l'aile du moulin.*)
Ah! j'ai peur! Sire Dieu, je suis mort! et cependant non, je n'ai rien.

Scène IV

LES MÊMES, UN CAPITAINE, PUIS L'ARMÉE RUSSE.

Un Capitaine (*arrivant*). — Sire Ubu, les Russes attaquent.
Père Ubu. — Eh bien, après, que veux-tu que j'y fasse? ce n'est pas moi qui le leur ai dit. Cependant, messieurs des Finances, préparons-nous au combat.
Le Général Lascy. — Un second boulet.
Père Ubu. — Ah! je n'y tiens plus, ici il pleut du plomb et du fer et nous pourrions endommager notre précieuse personne. Descendons.
(*Tous descendent au pas de course, la bataille vient de s'engager, ils disparaissent dans des torrents de fumée au pied de la colline.*)

Descendons.

Marche
ff
dim. peu à peu.
pendant que l'armée descend la colline.

Remontons.

Un Russe (frappant). – Pour Dieu et le Czar!
Rensky. – Ah! je suis mort.
Père Ubu. – En avant! Ah, toi, Monsieur, que je t'attrape, car tu m'as fait mal, entends-tu? sac à vin! avec ton flingot qui ne part pas.
Le Russe. – Ah! voyez-vous ça! (Il lui tire un coup de revolver.)
Père Ubu. – Ah! oh! je suis blessé, je suis troué, je suis perforé, je suis administré, je suis enterré. Oh, mais tout de même! Ah! je le tiens. (Il le déchire.) Tiens! recommenceras-tu, maintenant!
Le général Lascy. – En avant! poussons vigoureusement, passons le fossé, la victoire est à nous.
Père Ubu. – Tu crois? Jusqu'ici je sens sur mon front plus de bosses que de lauriers.
Cavaliers russes. – Hurrah! place au Czar!
(Le Czar arrive accompagné de Bordure déguisé.)

Un Polonais. – Ah! Seigneur! sauve qui peut, voilà le Czar!
Un Autre. – Ah! mon Dieu! il passe le fossé.
Un Autre. – Pif! paf! en voilà quatre d'assommés par ce grand bougre de lieutenant.
Bordure. – Ah! vous n'avez pas fini, vous autres! Tiens, Jean Sobiesky, voilà ton compte. (Il l'assomme.) A d'autres, maintenant! (Il fait un massacre de Polonais.)
Père Ubu. – En avant, mes amis! attrapez ce bélître! En compote les Moscovites! La victoire est à nous. Vive l'Aigle Rouge!
Tous. – En avant! Hurrah! Jambedieu! attrapez le grand bougre.
Bordure. – Par saint Georges, je suis tombé.
Père Ubu (le reconnaissant). – Ah! c'est toi, Bordure! Ah! mon ami. Nous sommes bien heureux ainsi que toute la compagnie de te retrouver.

Je vais te faire cuire à petit feu. Messieurs des Finances, allumez du feu. Oh! Ah! Oh! je suis mort. C'est au moins un coup de canon que j'ai reçu. Ah! mon Dieu, pardonnez-moi mes péchés. Oui, c'est bien un coup de canon.

Bordure. — C'est un coup de pistolet chargé à poudre.

Père Ubu. — Ah! tu te moques de moi! Encore! à la pôche! (Il se rue sur lui et le déchire.)

Le général Lascy. — Père Ubu, nous avançons partout.

Père Ubu. — Je le vois bien, je n'en peux plus, je suis criblé de coups de pied, je voudrais m'asseoir par terre. Oh! ma bouteille.

Le général Lascy. — Allez prendre celle du Czar, Père Ubu.

Père Ubu. — Eh! j'y vais de ce pas. Allons! Sabre à merdre, fais ton office, et toi, croc à finances, ne reste pas en arrière. Que le bâton à physique travaille d'une généreuse émulation et partage avec le petit bout de bois l'honneur de massacrer, creuser et exploiter l'empereur moscovite. En avant, monsieur notre cheval à finances! (Il se rue sur le Czar.)

Un Officier russe. – En garde, Majesté!

Père Ubu. – Tiens, toi! Oh! aïe! Ah! mais tout de même. Ah! monsieur, pardon, laissez-moi tranquille. Oh! mais, je n'ai pas fait exprès! (Il se sauve, le Czar le poursuit.)

Père Ubu. – Sainte Vierge, cet enragé me poursuit! Qu'ai-je fait, grand Dieu! Ah! bon, il y a encore le fossé à repasser. Ah! je le sens derrière moi et le fossé devant! Courage, fermons les yeux.

(Il saute le fossé, le Czar y tombe.)

Le Czar. – Bon, je suis dedans.

Polonais. – Hurrah! le Czar est à bas!

Père Ubu. — Ah! j'ose à peine me retourner! Il est dedans. Ah! c'est bien fait et on tape dessus. Allons, Polonais, allez-y à tour de bras, il a bon dos, le misérable! Moi je n'ose pas le regarder! Et cependant notre prédiction s'est complètement réalisée, le bâton à physique a fait merveilles et nul doute que je ne l'eusse complètement tué si une inexplicable terreur n'était venue combattre et annuler en nous les effets de notre courage. Mais nous avons dû soudainement tourner casaque, et nous n'avons dû notre salut qu'à notre habileté comme cavalier ainsi qu'à la solidité des jarrets de notre cheval à finances, dont la rapidité n'a d'égale que la solidité et dont la légèreté fait la célébrité, ainsi qu'à la profondeur du fossé qui s'est trouvé fort à propos sous les pas de l'ennemi de nous l'ici présent Maître des Phynances. Tout ceci est fort beau mais personne ne m'écoute. Allons! bon, ça recommence!

(Les Dragons russes font une charge et délivrent le Czar.)

Le général Lascy. -- Cette fois, c'est la débandade.

Père Ubu. -- Ah! voici l'occasion de se tirer des pieds. Or donc, Messieurs les Polonais, en avant! ou plutôt, en arrière!

Polonais. -- Sauve qui peut!

Père Ubu. -- Allons! en route. Quel tas de gens, quelle fuite, quelle multitude, comment me tirer de ce gâchis? (Il est bousculé.) Ah! mais toi! fais attention, ou tu vas expérimenter la bouillante valeur du Maître des Finances. Ah! il est parti, sauvons-nous et vivement pendant que Lascy ne nous voit pas.

(Il sort, ensuite on voit passer le Czar et l'Armée russe poursuivant les Polonais.)

Vite.

8 -- ad libitum.

ff

Scène VII

Une caverne en Lithuanie (Il neige).

PÈRE UBU, PILE, COTICE

Pas vite.

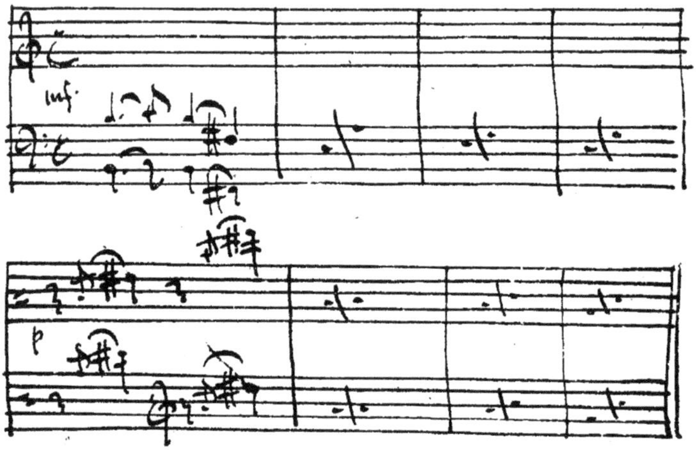

Père Ubu. — Ah! le chien de temps, il gèle à pierre à fendre et la personne du Maître des Finances s'en trouve fort endommagée.

Pile. — Hon! Monsieuye Ubu, êtes-vous remis de votre terreur et de votre fuite?

Père Ubu. — Oui! je n'ai plus peur, mais j'ai encore la fuite.

Cotice (*à part.*) — Quel pourceau.

Père Ubu. - Eh ! Sire Cotice, votre oreille, comment va-t-elle ?
Cotice. - Aussi bien, monsieuye, qu'elle peut aller tout en allant très mal. Par conséquent de quoye, le plomb la penche vers la terre et je n'ai pu extraire la balle.
Père Ubu. - Tiens, c'est bien fait. Toi, aussi, tu voulais toujours taper les autres. Moi j'ai déployé la plus grande valeur, et sans m'exposer j'ai massacré quatre ennemis de ma propre main, sans compter tous ceux qui étaient déjà morts et que nous avons achevés.
Cotice. - Savez-vous, Pile, ce qu'est devenu le petit Rensky ?
Pile. - Il a reçu une balle dans la tête.
Père Ubu. - Ainsi que le coquelicot et le pissenlit à la fleur de leur âge sont fauchés par l'impitoyable faux de l'impitoyable faucheur qui fauche impitoyablement leur pitoyable binette, ainsi le petit Rensky a fait le coquelicot, il s'est fort bien battu cepen-

dant, mais aussi il y avait trop
de Russes.
Pile et Cotice. – Hon, monsieuye!
Un écho. – Hhrron!
Pile. – Qu'est-ce? Armons-nous
de nos lumelles.
Père Ubu. – Ah, non! par exemple,
encore des Russes, je parie!
J'en ai assez! et puis c'est
bien simple, s'ils m'attrapent
ji lon fous à la poche.
XXXXXXXXXXX Scène VI x
LES MÊMES, entre UN OURS.

Lourdement.

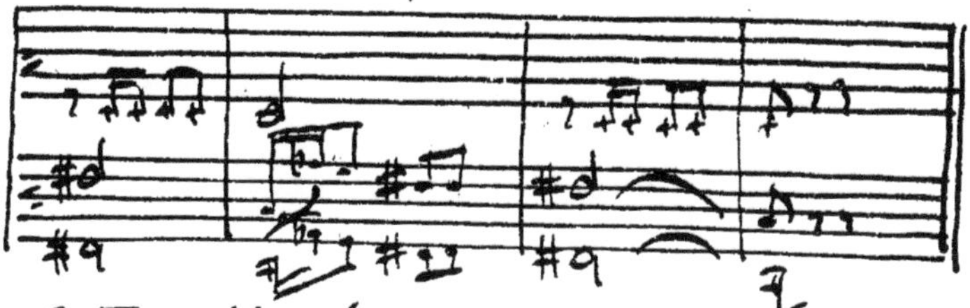

Cotice.-Hon! Monsieuye des Finances!

Père Ubu.-Oh! tiens, regardez donc le petit toutou. Il est gentil, ma foi.

Pile.-Prenez garde! Ah! quel énorme ours! mes cartouches!

Père Ubu.-Un ours! Ah! l'atroce bête. Oh! pauvre homme, me voilà mangé. Que Dieu me protège. Et il vient sur moi. Non, c'est Cotice qu'il attrape. Ah! je respire. (L'Ours se jette sur Cotice, Pile l'attaque à coups de couteau. Ubu se réfugie sur un rocher.)

Cotice.-A moi, Pile! à moi! au secours, Monsieuye Ubu!

Père Ubu.- Bernique! Débrouille-toi, mon ami; pour le moment nous faisons notre Pater Noster. Chacun son tour d'être mangé.

Pile.-Je l'ai, je le tiens.

Cotice. — Ferme, ami, il commence à me lâcher.

Père Ubu. — Sanctificetur nomen tuum.

Cotice. — Lâche bougre.

Pile. — Ah ! il me mord ! O seigneur, sauvez-nous, je suis mort.

Père Ubu. — Fiat voluntas tua.

Cotice. — Ah ! j'ai réussi à le blesser.

Pile. — Hurrah ! il perd son sang.

(Au milieu des cris des Palotins, l'Ours beugle de douleur et Ubu continue à marmotter.)

Cotice. — Tiens-le ferme, que j'attrape mon coup-de-poing explosif.

Père Ubu. — Panem nostrum quotidianum da nobis hodie.

Pile. — L'as-tu enfin, je n'en peux plus.

Père Ubu. — Sicut et nos dimittimus debitoribus nostris.
Cotice. — Ah! je l'ai. (Une explosion retentit et l'Ours tombe mort.)

Pile et Cotice. — Victoire!
Père Ubu. — Sed libera nos a malo. Amen. Enfin, est-il bien mort? Puis-je descendre de mon rocher?
Pile (avec mépris). — Tant que vous voudrez.
Père Ubu (descendant). — Vous pouvez vous flatter que si vous êtes encore vivants et si vous foulez encore la neige de Lithuanie, vous le devez à la vertu magnanime du Maître des Finances, qui s'est évertué, échiné et égosillé à débiter des patenôtres pour votre salut, et qui a manié avec autant de courage le glaive spirituel de la prière que vous

avez manié avec adresse le temporel de l'ici présent Palotin Cotice coup-de-poing explosif. Nous avons même poussé plus loin notre dévouement, car nous n'avons pas hésité à monter sur un rocher fort haut, pour que nos prières aient moins loin à arriver au ciel.

Pile. - Révoltante bourrique.

Père Ubu. - Voici une grosse bête. Grâce à moi, vous avez de quoi souper. Quel ventre, messieurs! Les Grecs y auraient été plus à l'aise que dans le cheval de bois, et peu s'en est fallu, chers amis, que nous n'ayons pu aller vérifier de nos propres yeux sa capacité intérieure.

Pile. - Je meurs de faim. Que manger?

Cotice. - L'ours!

Père Ubu. - Eh! pauvres gens, allez-vous le manger tout cru? Nous n'avons rien pour faire du feu.

Pile.- N'avons-nous pas nos pierres à fusil.

Père Ubu.- Tiens, c'est vrai. Et puis il me semble que voilà non loin d'ici un petit bois où il doit y avoir des branches sèches. Va en chercher, sire Cotice. (<u>Cotice s'éloigne à travers la neige.</u>)

Pile.- Et maintenant, sire Ubu, allez dépecer l'ours.

Père Ubu.- Oh non! Il n'est peut-être pas mort. Tandis que toi qui es déjà à moitié mangé et mordu de toutes parts, c'est tout à fait dans ton rôle. Je vais allumer du feu en attendant qu'il apporte du bois.

(Pile commence à dépecer l'ours.)

Père Ubu.- Oh, prends garde! il a bougé.

Pile.- Mais, sire Ubu, il est déjà tout froid.

Père Ubu.- C'est dommage, il aurait mieux valu le manger chaud. Ceci va procurer <u>une</u> indigestion au Maître des Finances.

Pile (à part). – C'est révoltant. (Haut) Aidez-nous un peu, monsieur Ubu, je ne puis faire toute la besogne.

Père Ubu. – Non, je ne veux rien faire, moi, je suis fatigué, bien sûr !

Cotice (rentrant). – Quelle neige, mes amis, on se dirait en Castille ou au pôle Nord. La nuit commence à tomber. Dans une heure il fera noir. Hâtons-nous pour voir encore clair.

Père Ubu. – Oui, entends-tu, Pile, hâte-toi. Hâtez-vous tous les deux ! Embrochez la bête, cuisez la bête, j'ai faim, moi !

Pile. – Ah ! c'est trop fort à la fin ! Il faudra travailler ou bien tu n'auras rien, entends-tu, goinfre !

Père Ubu. – Oh ! ça m'est égal, j'aime autant le manger tout cru, c'est vous qui serez bien attrapés. Et puis j'ai sommeil, moi !

Cotice. – Que voulez-vous, Pile ? Faisons le dîner tout seuls. Il n'en

aura pas, voilà tout. Ou bien on pourra lui donner les os.
Pile — C'est bien. Ah! voilà le feu qui flambe.
Père Ubu — Oh! c'est bon ça, il fait chaud maintenant. Mais je vois des Russes partout. Quelle fuite, grand Dieu! Ah!
(Il tombe endormi.)
Cotice — Je voudrais savoir si ce que disait Rensky est vrai, si la Mère Ubu est vraiment détrônée. Ça n'aurait rien d'impossible.
Pile — Finissons de faire le souper.
Cotice — Non, nous avons à parler de choses plus importantes. Je pense qu'il serait bon de nous enquérir de la véracité de ces nouvelles.
Pile — C'est vrai, faut-il abandonner le Père Ubu ou rester avec lui?
Cotice — La nuit porte conseil. Dormons, nous verrons demain ce qu'il faut faire.

Pile. — Non, il vaut mieux profiter de la nuit pour nous en aller.

Cotice. — Partons, alors.

(Ils partent.)

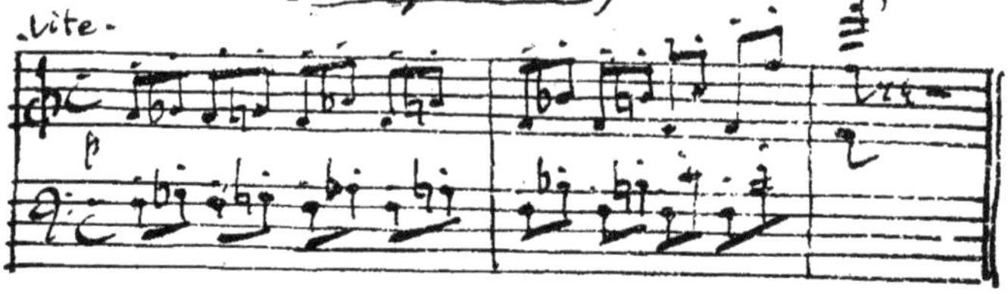

Scène VII

UBU parle en dormant.

Ah! Sire Dragonrusse, faites attention, ne tirez pas par ici, il y a du monde. Ah! voilà Bordure, qu'il est mauvais, on dirait un ours. Et Bougrelas qui vient sur moi.

L'ours, l'ours! Ah! le voilà à bas! Qu'il est dur, grand Dieu! Je ne veux rien faire,

moi! Va-t'en, Bongrelas! Entends-tu, Drôle! Voilà Rensky maintenant, et le Czar! Oh! ils vont me battre. Et la Rbue. Où as-tu pris tout cet or? Tu m'as pris mon or, mi-

zérable, tu as été farfouiller dans mon tombeau qui est dans la cathédrale de Varsovie, près de la lune. Je suis mort depuis longtemps, moi, c'est Bongrelas qui m'a tué et je suis enterré à Varsovie près de Vladislas le Grand et aussi à Cracovie près de Jean Sigismond, et aussi à Thorn dans la casemate avec Bordure ! Le voilà encore. Mais va-t'en, maudit ours. Tu ressembles à Bordure. Entends-tu, bête de Satan ? Non, il n'entend pas, les Salopins lui ont coupé les oreilles. Décervelez, tudez, coupez les oreilles, arrachez la finance et buvez jusqu'à la mort, c'est la vie des Salopins, c'est le bonheur du Maître des Finances.

(Il se tait et dort.)

Fin de l'Acte IV.

Acte V

Scène première

Il fait nuit. Le Père Ubu dort. Entre la MÈRE UBU sans le voir. L'obscurité est complète.

Mère Ubu. — Enfin, me voilà à l'abri. Je suis seule ici, ce n'est pas dommage, mais quelle course effrénée : traverser toute la Pologne en quatre jours ! Tous les malheurs m'ont assaillie à la fois. Aussitôt partie cette grosse bourrique, je vais à la crypte m'enrichir. Bientôt après je manque d'être lapidée par le Bougrelas et ces enragés. Je perds mon cavalier le Palotin Giron qui était si amoureux de mes attraits qu'il se pâmait d'aise en me voyant et même, m'a-t-on assuré, en ne me voyant pas, ce qui est le comble de la tendresse. Il se serait fait couper en deux pour moi, le pauvre garçon. La preuve, c'est qu'il a été coupé en quatre par Bougrelas. Pif paf pan! Ah! je pense mourir. Ensuite donc je prends la fuite poursuivie par la foule en fureur. Je quitte le palais, j'arrive à la Vistule, tous les ponts étaient gardés. Je passe le fleuve à la nage, espérant ainsi lasser mes persécuteurs. De tous côtés la noblesse se rassemble et me poursuit. Je manque mille fois périr, étouffée dans un cercle de Polonais acharnés à me perdre. Enfin je trompai leur fureur, et après quatre jours de courses dans la neige de ce qui fut mon royaume j'arrive me réfugier ici. Je n'ai ni bu ni mangé ces quatre jours, Bougrelas me serrait de près... Enfin me voilà sauvée. Ah! je suis morte de fatigue et de froid. Mais je voudrais bien savoir ce qu'est devenu mon gros polichinelle, je veux dire mon très respectable époux. Lui en ai-je pris, de la finance. Lui en ai-je volé, des rixdales. Lui en ai-je tiré, des carottes. Et son cheval à finances qui mourait de faim: il ne voyait pas souvent d'avoine, le pauvre diable. Ah! la bonne histoire. Mais hélas! j'ai perdu mon trésor! Il est à Varsovie, ira le chercher qui voudra.

Père Ubu (__commençant à se réveiller__). — Attrapez la Mère Ubu! Coupez les oreilles!

Mère Ubu. — Ah! Dieu! où suis-je? Je perds la tête. Ah! non, Seigneur!

Grâce au ciel j'entrevoi
Monsieur le Père Ubu qui dort au-
près de moi.

Faisons la gentille. Eh bien,

mon gros bonhomme, as-tu bien dormi ?
Père Ubu. — Fort mal ! Il était bien dur cet ours ! Combat des voraces contre les coriaces, mais les voraces ont complètement mangé et dévoré les coriaces, comme vous le verrez quand il fera jour, entendez-vous, nobles Palotins !
Mère Ubu. — Qu'est-ce qu'il bafouille ? Il est encore plus bête que quand il est parti. A qui en a-t-il ?
Père Ubu. — Cotice, Pile, répondez-moi, sac à merdre ! Où êtes-vous ? Ah ! j'ai peur. Mais enfin on a parlé. Qui a parlé ? Ce n'est pas l'ours, je suppose. Merdre ! Où sont mes allumettes ? Ah ! je les ai perdues à la bataille.
Mère Ubu (à part). — Profitons de la situation et de la nuit, simulons une apparition surnaturelle et fai-

sous lui promettre de nous pardonner nos larcins.
Père Ubu. — Mais, par saint Antoine! on parle. Jambedieu! Je veux être pendu!
Mère Ubu (grossissant sa voix). — Oui, monsieur Ubu, on parle, en effet, et la trompette de l'archange qui doit tirer les morts de la cendre et de la poussière finale ne parlerait pas autrement! Écoutez cette voix sévère. C'est celle de saint Gabriel qui ne peut donner que de bons conseils.
Père Ubu. — Oh! ça, en effet!
Mère Ubu. — Ne m'interrompez pas ou je me tais et c'en sera fait de votre giborgne!
Père Ubu. — Ah! ma gidouille! Je me tais, je ne dis plus mot. Continuez, madame l'apparition!
Mère Ubu. — Nous disions,

Monsieur Ubu, que vous êtes un gros bonhomme!
Père Ubu. — Très gros, en effet, ceci est juste.
Mère Ubu. — Taisez-vous, de par Dieu!
Père Ubu. — Oh! les anges ne jurent pas.
Mère Ubu (à part). — Merdre! (continuant) Vous êtes marié, Monsieur Ubu.
Père Ubu. — Parfaitement, à la dernière des chipies!
Mère Ubu. — Vous voulez dire que c'est une femme charmante.
Père Ubu. — Une horreur. Elle a des griffes partout, on ne sait par où la prendre.
Mère Ubu. — Il faut la prendre par la douceur, sire Ubu, et si vous la prenez ainsi vous verrez qu'elle est au moins l'égale de la Vénus de Capoue.
Père Ubu. — Qui dites-vous qui a des poux?
Mère Ubu. — Vous n'écoutez

pas, monsieur Ubu ; prêtez-nous une oreille plus attentive. (a part) Mais hâtons-nous, le jour va se lever. Monsieur Ubu, votre femme est adorable et délicieuse, elle n'a pas un seul défaut.

Père Ubu. - Vous vous trompez, il n'y a pas un défaut qu'elle ne possède.

Mère Ubu. - Silence donc ! Votre femme ne vous fait pas d'infidélités !

Père Ubu. - Je voudrais bien voir qui pourrait être amoureux d'elle. C'est une harpie !

Mère Ubu. - Elle ne boit pas !

Père Ubu. - Depuis que j'ai pris la clé de la cave. Avant, à sept heures du matin elle était ronde et elle se parfumait à l'eau-de-vie. Maintenant qu'elle se parfume à l'héliotrope elle ne sent pas plus mauvais. Ça m'est égal ! mais maintenant

il n'y a plus que moi à être rond!
Mère Ubu. — Sot personnage! — Votre femme ne vous prend pas votre or.
Père Ubu. — Non, c'est drôle!
Mère Ubu. — Elle ne détourne pas un sou!
Père Ubu. — Témoin monsieur notre noble et infortuné cheval à Phynances, qui, n'étant pas nourri depuis trois mois a dû faire la campagne entière traîné par la bride à travers l'Ukraine. Aussi est-il mort à la tâche, la pauvre bête!
Mère Ubu. — Tout ceci sont des mensonges, votre femme est un modèle et vous quel monstre vous faites!
Père Ubu. — Tout ceci sont des vérités. Ma femme est une coquine et vous quelle andouille vous faites!
Mère Ubu. — Prenez garde, Père Ubu.

Père Ubu.- Ah! C'est vrai. J'oubliais à qui je parlais. Non, je n'ai pas dit sa!

Mère Ubu.- Vous avez tué Venceslas.

Père Ubu.- Ce n'est pas ma faute, moi, bien sûr. C'est la Mère Ubu qui a voulu.

Mère Ubu.- Vous avez fait mourir Boleslas et Ladislas.

Père Ubu.- Tant pis pour eux! Ils voulaient me taper!

Mère Ubu.- Vous n'avez pas tenu votre promesse envers Bordure et plus tard vous l'avez tué.

Père Ubu.- J'aime mieux que ce soit moi que lui qui règne en Lithuanie. Pour le moment sa n'est ni l'un ni l'autre, ainsi vous voyez que sa n'est pas moi.

Mère Ubu.- Vous n'avez qu'une manière de vous faire pardonner tous vos méfaits.

Père Ubu. -- Laquelle ? Je suis tout disposé à devenir un saint homme, je veux être évêque et voir mon nom sur le calendrier.

Mère Ubu. -- Il faut pardonner à la mère Ubu d'avoir détourné un peu d'argent.

Père Ubu. -- Eh bien, voilà ! je lui pardonnerai quand elle m'aura rendu tout, qu'elle aura été bien rossée et qu'elle aura ressuscité mon cheval à finances.

Mère Ubu. -- Il en est toqué de son cheval ! Ah ! je suis perdue, le jour se lève.

Père Ubu. -- Mais enfin je suis content de savoir maintenant assurément que ma chère épouse me volait. Je le sais maintenant de source sûre. Omnis a Deo scientia, ce qui veut dire : omnis, toute, a Deo science ; scientia, vient de Dieu. Voilà l'explication du phénomène. Mais madame l'Apparition ne dit plus rien. Que ne puis-je lui offrir de quoi se réconforter. Ce qu'elle disait était très amusant. Tiens! mais il fait jour! Ah! seigneur, de par mon cheval à finances, c'est la Mère Ubu!

Mère Ubu (effrontément). — Ce n'est pas vrai, je vais vous excommunier.

Père Ubu. — Ah! charogne!

Mère Ubu. — Quelle impiété.

Père Ubu. — Ah! c'est trop fort. Je vois bien que c'est toi, sotte chipie! Pourquoi diable es-tu ici?

Mère Ubu. — Giron est mort et les Polonais m'ont chassée.

Père Ubu. — Et moi, ce sont les Russes qui m'ont chassé; les beaux esprits se rencontrent.

Mère Ubu. — Dis donc qu'un bel esprit a rencontré une bourrique!

Père Ubu. — Ah! eh bien, il va

rencontrer un palmipède maintenant. (Il lui jette l'ours.)

Mère Ubu (tombant accablée sous le poids de l'ours). — Ah! grand Dieu! quelle horreur! Ah! je meurs! j'étouffe! il me mord! il m'avale! il me digère!

Père Ubu. — Il est mort! grotesque. Oh! mais, au fait, peut-être que non! Ah! Seigneur, non, il n'est pas mort, sauvons-nous. (Remontant sur son rocher.) Pater noster qui es...

Mère Ubu (se débarrassant). — Tiens! où est-il?

Père Ubu. — Ah ! Seigneur ! la voilà encore ! Sotte créature, il n'y a donc pas moyen de se débarrasser d'elle. Est-il mort, cet ours ?

Mère Ubu. — Eh oui, sotte bourrique, il est déjà tout froid. Comment est-il venu ici ?

Père Ubu (*confus*). — Je ne sais pas. Ah ! si, je sais ! Il a voulu manger Pile et Cotice et moi je l'ai tué d'un coup de Pater Noster.

Mère Ubu. — Pile, Cotice, Pater Noster. Qu'est-ce que c'est que ça ? il est fou, ma finance !

Père Ubu. — C'est très exact, ce que je dis ! Et toi tu es idiote, ma giborgne !

Mère Ubu. — Raconte-moi ta campagne, Père Ubu.

Père Ubu. — Oh ! dame, non ! C'est trop long. Tout ce que je sais, c'est que malgré mon incontestable vaillance tout le monde m'a battu.

Mère Ubu.- Comment, même les Polonais ?

Père Ubu.- Ils criaient : Vive Venceslas et Bougrelas. J'ai cru qu'on voulait m'écarteler. Oh ! les enragés ! et puis ils ont tué Rensky !

Mère Ubu.- Ça m'est bien égal ! Tu sais que Bougrelas a tué le Palotin Giron !

Père Ubu.- Ça m'est bien égal ! Et puis ils ont tué le pauvre Lascy !

Mère Ubu.- Ça m'est bien égal !

Père Ubu.- Oh ! mais tout de même, arrive ici, charogne ! mets-toi à genoux devant ton maître (il l'empoigne et la jette à genoux), tu vas subir le dernier supplice.

Mère Ubu.- Ho, ho, monsieur Ubu !

Père Ubu.- Oh ! oh ! oh ! après, as-tu fini ? Moi je commence : torsion du nez, arrachement des cheveux, pénétration du petit bout de bois dans les oreilles, extraction de la cervelle par les talons, lacération du postérieur, suppression partielle ou même totale de la moelle épinière (si au moins ça pouvait lui ôter les épines du caractère), sans oublier l'ouverture de la vessie natatoire et finalement la grande décollation renouvelée de saint Jean-Baptiste, le tout tiré des très saintes Écritures, tant de l'Ancien que du Nouveau Testament, mis en ordre, corrigé et perfectionné par l'ici présent Maître des Finances! Ça te va-t-il, andouille? (Il la déchire.)

MÈRE UBU.–Grâce, monsieur Ubu!

(Grand bruit à l'entrée de la caverne.)

XXX SCÈNE II XXXXXX

LES MÊMES, BOUGRELAS se ruant dans la caverne avec ses SOLDATS.

assez vite

Bougrelas. — En avant, mes amis! Vive la Pologne!

Père Ubu. — Oh! oh! attends un peu, monsieur le Polognard! attends que j'en aie fini avec madame ma moitié!

Bougrelas (*le frappant*). — Tiens, lâche, gueux, sacripant, mécréant, musulman!

Père Ubu (*ripostant*). — Tiens! Polognard, soûlard, bâtard, hussard, tartare, calard, cafard, mouchard, savoyard, communard!

Mère Ubu (*le battant aussi*). — Tiens, capon, cochon, félon, histrion, fripon, souillon, polochon!

(*Les Soldats se ruent sur les Ubs, qui se défendent de leur mieux.*)

Père Ubu. — Dieux! quels renfoncements!

Mère Ubu. — On a des pieds, messieurs les Polonais.

Père Ubu. — De par ma chandelle verte, ça va-t-il finir, à la fin de la fin? Encore un!

Ah! si j'avais ici mon cheval à phynances!

Bougrelas. — Tapez, tapez toujours.

Voix au dehors. — Vive le Père Ubé, notre grand financier!

Père Ubu. — Ah! les voilà. Hurrah! voilà les Pères Ubus. En avant, arrivez, on a besoin de vous, messieurs des Finances!

(Entrent les Palotins, qui se jettent dans la mêlée.)

Cotice. — A la porte les Polonais!

Pile. — Hon! nous nous revoyons, Monsieuye des Finances. En avant, poussez vigoureusement, gagnez la porte, une fois dehors il n'y aura plus qu'à se sauver.

Père Ubu. — Oh! ça, c'est mon plus fort. O comme il tape.

Bougrelas. — Bien! je suis blessé.

Stanislas Leczinski. — Ce n'est rien, Sire.

Bougrelas. – Non, je suis seulement étourdi.

Jean Sobieski. – Tapez, tapez toujours, ils gagnent la porte, les gueux.

Cotice. – On approche, suivez le monde. Par conséquent je vois le ciel.

Pile. – Courage, sire Ubu.

Père Ubu. – Ah ! j'en fais dans ma culotte. En avant, cornegidouille ! Tudez, saignez, écorchez, massacrez, corne d'Ubu ! ah ! ça diminue !

Cotice. – Il n'y en a plus que deux à garder la porte.

Père Ubu (les assommant à coups d'ours). – Et d'un, et de deux !

Ouf ! me voilà dehors ! Sauvons-nous ! Suivez les autres, et vivement !

Vite d'abord, puis de plus en plus calme.

XXXXXXXX Scène III XXXXX

La scène représente la province de Livonie couverte de neige. LES UBS et leur SUITE en fuite.

Père Ubu. — Ah ! je crois qu'ils ont renoncé à nous attraper.

Mère Ubu. — Oui, Bougrelas est allé se faire couronner.

Père Ubu. — Je ne la lui envie pas, sa couronne.

Mère Ubu. — Tu as bien raison, Père Ubu.

(Ils disparaissent dans le lointain.)

Cet accord se

cont[…] pp. au[…]

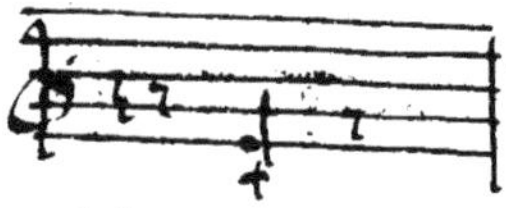

Le Père Ubu parle.

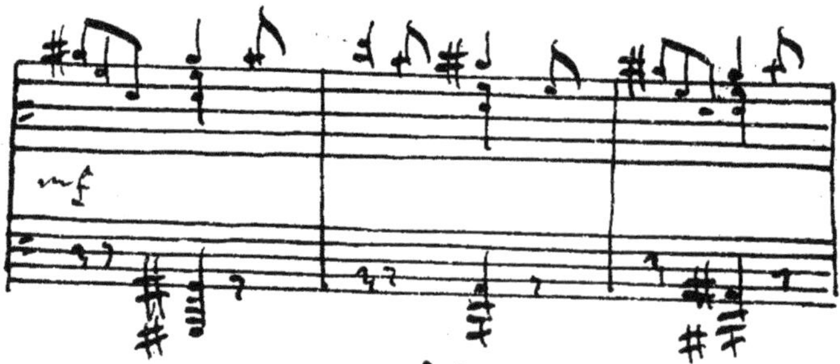

XXXXXXXXXX Scène V XX

Le pont d'un navire courant au plus près sur la Baltique. Sur le pont le Père Ubu et toute sa bande.

Le Commandant. — Ah ! quelle belle brise.

Père Ubu. — Il est de fait que nous filons avec une rapidité qui tient du prodige. Nous devons faire au moins un million de nœuds à l'heure, et ces nœuds ont ceci de bon qu'une fois faits ils ne se défont pas. Il est vrai que nous avons vent arrière.

Pile. — Quel triste imbécile.

(Une risée arrive, le navire couche et blanchit la mer.)

Père Ubu. - Oh ! Ah ! Dieu ! nous voilà chavirés. Mais il va tout de travers, il va tomber ton bateau.
Le Commandant. - Tout le monde sous le vent, bordez la misaine !
Père Ubu. - Ah ! mais non, par exemple ! Ne vous mettez pas tous du même côté ! C'est imprudent ça. Et supposez que le vent vienne à changer de côté, tout le monde irait au fond de l'eau et les poissons nous mangeront.
Le Commandant. - N'arrivez pas, serrez près et plein !
Père Ubu. - Si ! Si ! Arrivez. Je suis pressé, moi ! Arrivez, entendez-vous ! C'est ta faute, brute de capitaine, si nous n'arrivons pas. Nous devrions être arrivés. Oh oh ! mais je vais commander, moi, alors ! Pare à virer ! à Dieu vat. Mouillez, virez vent devant, virez vent arrière. Hissez les

voiles, serrez les voiles, la barre dessus, la barre dessous, la barre à côté. Vous voyez, ça va très bien. Venez en travers à la lame et alors ce sera parfait.
(Tous se tordent, la brise fraîchit.)

Vite -

Le Commandant. - Amenez le grand foc, prenez un ris aux huniers!
Père Ubu. - Ceci n'est pas mal, c'est même bon! Entendez-vous, monsieur l'Équipage? amenez le grand coq et allez faire un tour dans les pruniers.
(Plusieurs agonisent de rire. Une lame embarque.)

Père Ubu. - Oh! quel déluge! Ceci est un effet des manœuvres que nous avons ordonnées.
Mère Ubu et Pile. - Délicieuse chose que la navigation.

(Deuxième lame embarque.)

Pile (inondé). — Méfiez-vous de Satan et de ses pompes.

Père Ubu. — Sire garçon, apportez-nous à boire.

(Tous s'installent à boire.)

Mère Ubu. — Ah! quel délice de revoir bientôt la douce France, nos vieux amis et notre château de Mondragon!

Père Ubu. — Eh! nous y serons bientôt. Nous arrivons à l'instant sous le château d'Elseneur.

Pile. — Je me sens ragaillardi à l'idée de revoir ma chère Espagne.

Cotice. — Oui, et nous éblouirons nos compatriotes des récits de nos aventures merveilleuses.

Père Ubu. — Oh! ça, évidemment! Et moi je me ferai nommer maître des Finances à Paris.

Mère Ubu. - C'est cela! Ah! quelle secousse!
Cotice. - Ce n'est rien, nous venons de doubler la pointe d'Elseneur.
Pile. - Et maintenant notre noble navire s'élance à toute vitesse sur les sombres lames de la mer du Nord.
Père Ubu. - Mer farouche et inhospitalière qui baigne le pays appelé Germanie, ainsi nommé parce que les habitants de ce pays sont tous cousins germains.
Mère Ubu. - Voilà ce que j'appelle de l'érudition. On dit ce pays fort beau.
Père Ubu. - Ah! messieurs, si beau qu'il soit il ne vaut pas la Pologne. S'il n'y avait pas de Pologne il n'y aurait pas de Polonais!

Marche

FIN.

www.ingramcontent.com/pod-product-compliance
Ingram Content Group UK Ltd.
Pitfield, Milton Keynes, MK11 3LW, UK
UKHW031849260826
14628UKWH00002B/682

9 782329 320434